Doris Mühringer   Reisen wir

Doris Mühringer
Reisen wir

Ausgewählte
Gedichte

Mit einem Nachwort
von
CHRISTIAN LOIDL

Verlag Styria

Die Deutsche Bibliothek – CIP-Einheitsaufnahme
Mühringer, Doris:
Reisen wir : ausgewählte Gedichte / Doris Mühringer.
[Mit einem Nachw. von Christian Loidl]. –
Graz ; Wien ; Köln : Verl. Styria, 1995
ISBN 3-222-12315-2

© 1995 Verlag Styria Graz Wien Köln
Alle Rechte vorbehalten
Kein Teil des Werkes darf in irgendeiner Form (durch Photographie,
Mikrofilm oder ein anderes Verfahren) ohne schriftliche Genehmigung
des Verlages reproduziert oder unter Verwendung elektronischer Systeme
verarbeitet, vervielfältigt oder verbreitet werden.
Printed in Austria
Umschlaggestaltung: Zembsch'Werkstatt, München
Gesamtherstellung: Medienhaus Styria, Graz
ISBN 3-222-12315-2

INHALT

I
Aus: Gedichte, 1957

13 Über dein Gartenbeet
14 Gaukler
15 Feiern wir das Fest
16 Die Weggefährten
17 Wo es mich hinführt?
18 Dieses ist nun vorüber
19 Gesättigt der Mond
20 Nachts auf der Straße
21 Die Hungrigen
22 Sehet, ein Mensch
23 Chanson 1944
24 Das Mahl
25 In ein Stammbuch
26 Brief aus dem Irrenhaus
27 Immer einmal
28 Der Fremdling spricht
29 Der Vogel im Mandelbaum
30 Vor einem Steinbild
31 Die Gottheit anklagend
32 Gang durch die Nacht
33 Du wirst einkehren
34 In der Fährte des Herzens
35 Immer fragst du mich
36 Singe, singe
37 Das wiedergefundene Paradies
38 Baue dein Haus
39 Schließe dein Haus nicht zu

II
Aus: Gedichte II, 1969

43 Neben mir
44 Knaben waren wir
45 Wanderungen
46 Nimm deine Traurigkeit
47 Jene Dame
48 Dem eiligen Lauf der Dinge
49 Vis-à-vis du rien
50 Sag nicht
51 Die Absage
52 Pilger war ich
53 Der gute Kaiser von China
54 Spielen
55 Angesiedelt im Zwischenreich
56 Aufgewacht
57 Endlich am Ufer sitzend
58 Die Kormorane
59 Meine Freundin
60 Hier. Unterm Himmel
61 Daß du es unternahmst
62 Immer sagte ich
63 Hier auf dieser einen Stelle
64 Ich kann nicht leben
65 Was ihr tut
66 In vielen Leben
67 Die Staatskarosse
68 Ich bin eines jeden Wild
69 Täglich reiß ich mich
70 Als ich ein Kind war

III
Aus: Staub öffnet das Auge. Gedichte III, 1976
73 Les enfants du paradis
74 Über Stag gehen
76 Warten
77 Die Verkleinerung der Welt
78 Seltsam
79 Sterben in Rom
80 Zum Tode von Paul Celan I
81   II
82 Den Atem anhaltend
83 Hatte ich Goldfische
84 Zwischen Orgel und Karo-As
86 Ach es genügt nicht
87 Etude in L
88 Regensarten I
89   II
90   III
91 Unter den Wolken
92 Unzeitgemäße Verhältnisse
93 Unter den Schwalben
94 Aus einem Situationsbericht
95 Habe ein Haus
96 Ostia antica
97 Mit Dämonen leben
98 Gespräche mit rumänischen Göttern I
99   II
100   III
101   IV
102 Geh ich am Ufer
103 Besuch der alten Dame
104 Die alte Dame spricht
106 Immer wieder

107 Die Süße der Welt
108 Unerzählbare Geschichten I
110   II
112 Einem Augenblick Lust entsprungen
113 Die Hütten
114 Liebe
115 Dialog mit dem Organisten
116 Standbilder

IV
Aus: Vögel die ohne Schlaf sind.
Gedichte IV, 1984
119 Doppelt bestürzt
120 Ein Herz
122 Pflanzt Blumen
123 Abstieg
124 In der Finsternis zu singen
125 Aus der Tiefe
126 Erlebnisse in der Mundhöhle
127 Ein Abendmahl
128 St. Sebastian
129 Von oben gesehen
130 Ostern 33 n. Chr.
132 Sechzig
133 Reisen wir
134 Der Gefangene
135 Viele Jahre
136 Lao-tse – Bilder auf Seide gemalt I
137   II
138   III
139   IV
140 Kamst in der Nacht

141 Fremde Finger
142 Mit bloßen Füßen
143 Nachts
144 Die Magd träumt
145 Von der Erde
146 Gespräche
148 Siehe
149 Zweierlei Aspekte
150 Oktobermünchen
151 Fransen am Sargtuch wehend
152 Epilog in Sterbebetten
153 Jedermanns Ostern
154 Tübingen 7. Juni 1843
155 Die Wahl der Qual
156 Unter aufgelockerter Bewölkung
157 Mit der Bahn im August durch das Marchfeld
158 Beim Lesen von Adalbert Stifter
159 Die Hand betrachten
160 In hora mortis
162 Spreche zu euch
163 Ein Triptychon I
164   II
165   III

167 Nachwort
174 Bio- und Bibliographisches

I

Über dein Gartenbeet, Nachbar, über mein Gartenbeet,
    Nachbar,
geht die blaue Nacht.
Aber von deinem Beet, Nachbar,
    herüber zu meinem geht
kein Weg. Hat's der Herr nicht bedacht?

Aber ein Zaun ist gezogen: um dein Haus,
    um mein Haus.
Ein hoher Zaun. Wie ihn große Meister baun.
Unseren Rosenstrauch huben sie aus, alle Wurzeln
    gruben sie aus
zwischen dir und mir, um den Zaun zu baun.

Du liegst wach in der Nacht, Nachbar,
    ich lieg wach in der Nacht, Nachbar,
in der großen Nacht.
Hast du nachgedacht, Nachbar? Ich hab nachgedacht,
    lieber Nachbar:
Er hat es bedacht!

GAUKLER

Abends gingen wir manchmal über das Seil,
Bruder und Schwester, und gingen wir Hand in Hand,
unten rauschte der Strom und die Ruderzillen
zerrten am Ring,

Straßen schwangen die Lassos, Lassos aus Licht,
unter dem Sternenbaum lächelte Harlekin,
immer trieb der Orion herauf, und immer
bebte das Seil,

immer lachte Madame vor der weißen Wand,
Pistol-John zielte und rahmt' sie getreulich ein –
Später lagen sie alle unter dem Nachtwind,
schwarze Hügel im Sand.

FEIERN wir das Fest des roten Pferdes
und das Boot besteige, kleiner Bruder,
laß das weiße Segel, laß die Laute –
Flügelschlag von großen Vögeln wird uns treiben,
und die Netze, drin wir einst die Fische fingen,
werden singen, und die Sichelschuppen, kleiner Bruder,
werden vor uns tanzen auf dem Wasser.

Laß den Kranz – Weißt du nicht, daß Tang und Algen
längst uns schmücken? Tief in unsern Augen
wohnen Perlen und aus unserm Herzen, kleiner Bruder,
dran so lang der gelbe Mond sich satt fraß,
steigen jauchzend die Korallenbäume,
tausend jauchzende Korallenbäume, kleiner Bruder,
und den Mond, den gelben, satten,
    werden sie erstechen.

Die Weggefährten

Aber hast du die Nacht bedacht,
Bruder im Strauch?
Die Sterne fallen auf uns herab,
der Mond bedeckt unser Gesicht,
und das Haus des Nachbars ist nicht zu sehn,
und wer weiß – weißt du's? – tut es sich auf!

Ich habe die Nacht bedacht.
Es tut sich nicht auf.
Auch der Nachbar ist unterwegs,
Bruder im Strauch,
und der Mond bedeckt unser Gesicht,
und Sterne fallen auf uns herab.

Wo es mich hinführt?
Ich weiß nicht.
Ich kenne die Welle nicht,
auf der es mich forttreibt.
Eins aber weiß ich:
Es führt mich nicht in ein Haus,
immer werde ich draußen schlafen,
in den offenen Augen den Mond
und die stillen Tiere.

DIESES ist nun vorüber.
Nimm mich auf in dein Haus, Bruder,
das große unter dem Himmel.
Auf seinen Blättern glänzen die Sterne,
der Mond bewegt es bei Nacht, der Wind –

Hier wird kein Hahn krähn.
Die Tiere hegen dich ein,
die Schlange zu deinen Füßen schläft.
Man muß nur vertraun!

Ich habe die Schale mitgebracht, Bruder.
Du hast den Reis.

GESÄTTIGT der Mond, der mich aß.
Gesättigt die Krater der Erde.

Ist es vorüber?
Ruhig fließe ich aus,
den Menschen zur Tränke, den Tieren.

NACHTS auf der Straße traf ich einen
beim neuen Baugrund Nummer vier.
Ich hörte schon von weitem Weinen,
es klang, als wieherte ein Tier,
doch war's, auf umgestürzten Steinen,
ein Mensch vor einem halben Haus,
und rot auf seinen nackten Beinen
rann eine Windlaterne aus.
Du meinst, ich sprach? Das tröstet keinen.
Ich bracht die Nacht mit ihm herum?
Ich ließ ihn weinen auf den Steinen.
Du weißt es auch: Der Mensch ist stumm.

DIE Hungrigen, die wir nicht gespeist haben,
die Durstigen, die wir nicht getränkt haben,
die Tiere, die wir nicht begraben haben,
und die Toten, die schneeweißen, duldsamen Toten,
die wir verkauft haben,
o du Falada, da du hangest!

O du Menschenbruder, da du gangest,
wenn das deine Mutter wüßte,
das Herz im Leibe tät ihr zerspringen!

SEHET, EIN MENSCH

Der Abend, der mich ins fremde Haus entläßt,
die Nacht, die mich ausschlägt,
der Morgen, der mich zum Markt trägt,
der Mittag, da man an allen Tischen
mich schlachtet, zerlegt und die Speise herumreicht:
Keinen hungert,
aber Fleisch vom eigenen Fleisch ist wohlfeil,
schmackhaft und nicht so sättigend.
Den Nachgeschmack sind sie gewohnt.
Nur als Kinder weinten sie nachher,
aber man schlug sie,
und später brachte der Abend eine Belohnung,
der Abend ... (da capo)

CHANSON 1944

Es geht die Nacht spazieren
vor einem hellen Haus.
In dieser Nacht erfrieren
viertausend Mann und Maus.
Sie liegen vor den Türen
geduldig und studieren
die Sternenmuster aus.
Und als sie dieses ausgetan,
da huben sie zu sterben an,
viertausend Mann und Maus.
Und damit ist es aus.

Das Mahl

Setze dich nieder zum Mahl. Es ist aufgetragen.
Goldenfüßig der Topf, und mit Pfauenkrallen
wirst du die Taube zerlegen, das Fleisch deiner
  Schwester,
und wirst seiner nicht satt sein. Lies alles auf,
bind es ins Tuch ein, Flaum und Elfengebeine,
wie sonst sollst du dein Mahl überstehn?
  Schon naht sich's,
schon wird aufgetischt, was dich sättigt: dein Herz.

In ein Stammbuch

Hüte dein Haus. Setz Eisenscherben und Nesselkraut
    vor die Schwelle,
laß keinen ein.
Es gehen die Menschen so gerne von einer Stelle zu
    einer anderen Stelle,
bitt sie nicht ein.

Einer wird kommen, der wird kein Lager von dir
    begehren.
Er füllt das Haus.
Da sollst du die Hähne auf deinem Hofe schlachten und
    ihre Federn in deine Kammer kehren:
drauf streck dich aus.

Und rühre kein Messer mehr an und zerbrich die
    Pflugschar. Es werden die Winde sich sorgen
um deine Frucht,
aber gib deinen Samen den Vögeln und deine Milch der
    Schlange, am Morgen,
eh sie dich sucht.

BRIEF AUS DEM IRRENHAUS

Sie haben alles auf mich gebaut,
ich weiß, Herr Direktor.
Sie haben lange auf mich geschaut,
Herr Direktor,
eh Sie es taten. Manchmal fühle ich das.
Plötzlich begannen die Sterne zu kreisen,
es wuchs Gras,
und mein Leib hob sich und senkte sich mit den leisen
Zügen, die auch das Meer bewegen,
auf denen die Schwingen der Vögel ruhn,
der Regen,
und Ihr Geheiß, das Korn in die Erde zu tun.
Dann habe ich meinen Bruder erschlagen.
Aber Sie sperrten mich noch nicht ein,
denn nach hunderttausend Tagen
hörte ich einen Hahn schrein.
Erinnern Sie sich? Er schrie drei Mal.
Da zersprang mein Gesicht.
Jetzt bin ich in diesem Saal,
und man sagt mir, ich sei ein andrer. Ich bin es nicht.
Ich bin immer derselbe,
Sie wissen es, Herr Direktor.
Auch Sie sind immer derselbe.
Ich weiß es, genau, Herr Direktor.

Und man sagt mir, ich sei ein andrer.
Ich bin es nicht.
Ich bin immer derselbe.
Sie wissen es,
Herr Direktor.

IMMER einmal bersten die Dämme.
Der Strom stampft,
die Kanäle schmatzen,
die Steine glühn.
Die Bucht unsres Herzens bebt.
Wo ist Land?

Kein Land.
Der Schrei der Ufervögel, der herrliche,
ist ausgebogen,
kein Schiff, das die Fahrt wagt.
Aber der Engel, der schwere Engel,
der sein Auge herausnimmt und lotet:
Wie tief mißt unser Herz?

DER FREMDLING SPRICHT

Die Uhren stellen.
Im fremden Hause die Uhr stellen
und sieh:
die Kulissen verschieben sich,
fremd wird vertraut,
fügsam werden die Schwellen, die Hüter des Raums,
das Gerät wird willig,
folgsam der Hund,
freundlich der Tisch.

Aber der Rabe im Fenster!
Der große Vogel von weither!
Faßt meine Hand schon ans Brot,
ans weiße, noch ungebrochene?
Stockt mein Blut (dieser Asche mahlende Strom,
diese bleierne Unruh)?

Haltet die Uhr an, wenn ich gegangen bin, und vergebt.
Nur ein kleines,
(vielleicht)
wenn die Tür hinter mir ins Schloß fällt,
wird sie nachzittern, die Zeit, die einmal auf diesen
    Füßen,
törichten, törichten Füßen des Fremdlings,
leicht durch dies Haus ging.

Der Vogel im Mandelbaum

Kinder weinen.
Der Vogel im Mandelbaum singt.
Hunde heulen zur Nacht,
und der Vogel im Mandelbaum singt,
und die Augen der Ungeliebten
im Teich
warten den Mond.

Kehre heim. Sie werden dich jagen.
Kehre heim, sie werden dich höhnen wie je,
dennoch kehr heim.
Denn du schuldest ihnen den Auszug,
die leeren Zisternen am Weg, den Wind, die Geduld.

Sie werden – vielleicht – dich nicht mehr erkennen.
Aber sie werden dich steinigen,
wenn du anhebst
zu singen
im Mandelbaum.

VOR EINEM STEINBILD,
PROMETHEUS UND SEINE KINDER VORSTELLEND

Im Ohr den Gesang der Sterne,
im Auge die Sonne,
im Herzen den Baum –

Aber wieviel Früchte,
bittere Früchte,
tragen im Samen,
geheim (im Aufgang),
das Gekreiß der Sonne,
den Gesang der Sterne?

Die Gottheit anklagend

Daß deine Schlinge
mit der du mich einfingst
aus Gold ist
was hilft mir's
immer fester ziehst du sie zu

Ziehe nur zu!
Immer leiser
lerne ich atmen
immer leichter
die Füße heben
(wenn du mich schleuderst)
weg von der Erde

GANG durch die Nacht.
Lautloser Gang durch der Dunkelheit
riesige Eintracht.

Laß mir die Hand.
Letzter Erreichbarkeit
stillste Gebärde.

Ist denn Gemeinsameres zwischen Liebenden,
als die einsame Weisheit
geduldigen Abstands?

Du wirst einkehren. Wieder.
Das Gelaß ist bereitet,
ich werde den Tisch mit dir teilen,
das Bett, das Öl,

der Mond wird steigen und fallen,
steigen und fallen und steigen,
und einmal wirst du die Augen schließen
und wünschen: Immer!

Dann werde ich dich auf die Arme nehmen,
(wie du so leicht bist!)
die Stufen empor, an die Schwelle,
wo der Wind dich anspringt.

Mählich wirst du ihn wiedererkennen.
Du bist sein,
wie du des Anrufs der Sterne bist
und der Lockung der Kraniche.

IN der Fährte des Herzens zu gehn
im Sand und immer im Kreis
und immer das mitzugehn
immer wieder das mitzugehn
wie der Wechsel des Menschen sie trifft
(denn kein Wind wischt das aus!) und zu stocken
und stehenzubleiben
immer wieder zu stehn
wo die Spur auseinanderbricht
und hinabzusehn in den Sand
und hinab in das Menschengesicht
furchtbares Menschengesicht
das der Himmel nicht austilgt

Immer fragst du mich in der Nacht, wer ich bin,
wenn das Dunkel nichts von uns übrig läßt,
was das Auge täuscht.

Übrig läßt es den Quellenbezirk des Gebirgs
und das leise Geräusch,
wenn die Kräfte auf und nieder steigen in den
    Kristallen.

S<small>INGE</small>, singe vom Tod,
vom Himmel,
blau, summend, warm darunter zu ruhn,
von den Tieren, lautlos, im Wald,
vom moosbewachsenen Brunnenstein,
vom aufgesprungenen Mohn.
Liegst du nicht immer im Gras,
und die Erde bewegt sich,
und Rosenkäfer und Kornwurm bewegen die Erde,
sanft, sanft –
Sing,
indes das Herz seine weißen Wurzeln hinabzwängt.

DAS WIEDERGEFUNDENE PARADIES

Jenseits der Dämmerung
(aber wer überfliegt ihren purpurnen Glanz?)
wird die Nacht wieder ganz sein.
Kein Traumboot mehr –
Aufgeschlagenen Augs,
und die Hände, die schlafenden,
voll vom Wind und den Lippen des Monds.

Die Fledermäuse haben nach Hause gefunden.
Die Schlange ist heimgekehrt.
Der Dornbusch besänftigt.
Und aus dem Felsen ergießt sich's
vor die Geduld der dürstenden Tiere.

BAUE dein Haus,
draußen am Tor
wartet der Garten.
Der Garten wartet,
er will bepflanzt sein,
die Freunde warten, die Vögel,
sie wollen gespeist sein,
und der Fremde,
der Fremde wartet im Nachtregen
immer schon.
Auf seine Kammer
und sein Gespräch.

SCHLIESSE dein Haus nicht zu, wenn du gehst,
    mit den Toten zu reden.
Einer, wer weiß, der schon auf dem Weg ist,
einer, der einkehrt –

Er wird dein Feuer hüten, dein Herz,
die Ampel, die kleingebrannte, im Torweg:
daß du auch wiederkehrst!

Und wird lange lauschen.
Den Stimmen im Dachgebälk, dem Vogelflug,
eh er dir nachfolgt.

II

NEBEN mir.
Was atmet?
Ein Mensch.
Unerreichbar.

Aber warm rührt was Warmes mich an
gut ist Geruch von Lebendigem
(und wär es ein Tier!)
denn vergeblich
vergeblich ist jede Berührung
jenseits.

KNABEN waren wir,
spielten die Knabenspiele,
alte magische Knabenspiele
unter den Mangobäumen,
immer wieder einmal
saß unter einem
ein alter Weiser,
lernten neue
Knaben die alten Spiele,
alten, uralten Knabenspiele
unter den Mangobäumen,
spielen immer wieder auch einmal
unter dem einen,
wo ich nun sitze.

Wanderungen

Hebe dein Bündel auf,
wieder warf es ein Baum ab.
Hebe es auf und geh.

Hast du noch nicht gelernt,
nirgends zu wohnen?

Nimm deine Traurigkeit, Bruder,
Hand voller Traurigkeit,
blase sie über das Meer.

Nimm deine Fröhlichkeit, Bruder,
Hand voller Fröhlichkeit,
schicke sie hinterher.

Setze dich vor dein Haus.
Sonnen und Monde werden herauf und hinunter gehn.
Eine Weile mußt du das auch bestehn.
Dann gehst du aus.

JENE Dame, welche mir, als ich ein Kind war,
  begegnete,
jene Dame, welche mich, als ich emporblickte, segnete,
knisternd und schwärzer als Pantherfell sprang ums
  Haupt ihr das Haar,
und auf den großen Lidern lag etwas, wovon ich nicht
  wußte, ob's Asche, ob's Trauer war.

Hinter der Brüstung der Treppe, auf der ich mich
  mühte, verharrte sie
mitten in Raum und Stille und ohne Atem,
  als warte sie.
Nichts auf der Welt schwieg stärker als dieses Hauptes
  und windgebauschten Mantels Kontur,
was nur war's, was ich plötzlich wußte,
  oder ahnte ich's nur?

Ring um Ring aus zwei Augenmeeren erhob sich und
  strandete
irgendwo in mir, wo es aufschlug, schrie und
  versandete.
Glanz verstand ich auf einmal und Schmerzen der Erde,
  Glück und Gefahr
und, noch ehe sie winkte und sank, wie schwer die
  Asche auf ihren Lidern gewesen war.

DEM eiligen Lauf der Dinge preisgegeben
den Hundeklagen der Nacht
dem unbarmherzigen Himmel
dem entvölkerten
den Göttern
entlaubten
fallen wir
immer wieder der Erde zu
der entzauberten
immer wieder der Leuchtspur der Liebenden
denen wir nie uns versöhnen

Vis-à-vis du rien
fängt unser Gespräch an
die eisblumenblaue Figur
zwischen dir und mir.

Wärme ist billig
ich weiß schon.

Und für das Fest der Kühle
das du mir endlich richtest
zahle ich immer wieder
und jedes Mal
mit dem Leben.

Sag nicht: Ich lieb dich!
Trägt man vom Kornfeld des Nachbars, du Tor,
seine Ernte nach Haus?

Nur ein Kind greift nachts in den Teich,
wähnend, es fange den Mond.

Die Absage

Komm zu den Weiden!
Ans Ufer des schwarzen Flusses!
Eh du noch da bist,
werde ich Flöten geschnitzt
und auch ein Rutenkörbchen geflochten haben,
Rutenkörbchen, Weberschiff für die langen,
feuchten, langen Nebel unter den Weiden,
Flöten,
heller jubelnd als das Gefieder,
Föhngefieder der Frühlingswolken dort oben.

Komm nicht. Vergiß.
Lieber fliege ich, flieg ich!
Mitten hinein in den blauen,
tobenden Himmel!

PILGER war ich und schlug in allen Provinzen,
allen sieben Provinzen einmal mein Zelt auf.
Aber, ach, was ein ganz erbärmliches Luftschloß
ist doch ein Haus!

Mäuse, Regen und Schnee erquickten mein Lager,
südwärts peitschten die Sonnenschwerter
    mein Hirn aus,
andern Ortes pflegte des Nachts die Wölfin
mich zu besuchen.

Schließlich ließ ich es. In der Mitte des Reiches
steht eine alte Säule. Herrliche Quadern!
Dort nun wohn ich, vom wetterwendischen
    Himmelsdach
reichlich beschützt.

Nichts erwartend, kann mich nichts überraschen.
Ei, was lernt man nicht alles so auf den Säulen,
neulich ertrug ich sogar ein stattliches Mäuslein,
ohne zu zucken!

DER gute Kaiser von China pflegte sein Reich zu
> regieren,
indem er, über sich wachend, nach Süden gewandt auf
> dem Throne saß.
Er hatte zwei Reiche, ein inneres und ein äußeres zu
> verlieren,
wenn er sich nicht richtig verhielt, und er wußte das.

Er bewegte das Herz, die Gedanken, die Fingerspitzen
so, daß es den Einklang mit allem bewahrte,
> die Harmonie
mit dem Himmel, dem Nachtwind, den Wächtern, den
> Regenpfützen
und den Reispapierschiffchen darauf. – Weißt du noch,
> wie?

SPIELEN, lasset uns spielen!
Nicht so, wie wir als Kinder spielten,
als wir zu leben lernten:
ernsthaft, erwartungsvoll, wichtig.
Anders lasset uns spielen, heiter.

Spielen, so, wie der Alte unterm Rialto,
alte Seifenbläser, im Brückenschatten
sorgsam atmend seine Werke hervorbringt,
still betrachtend, wie sie sich blähen, drehen,
steigen, fallen, im Wind hintreiben und platzen.

ANGESIEDELT im Zwischenreich
ganz verzaubert
und heimisch
zwischen Triumph und Klage
schweben wir
morsch
wie die Herbstblätter schweben
morsch
auf den Wasserflächen
oben der Himmel
das Element
das fremde
unten die Erde
das Element
das fremde

AUFGEWACHT.
Ist die Haut durchstoßen,
die Schale aus Traum und Schlaf?

Innen, im Lautlosen, schweben die Sterne.
Ruhig stehen die Fische.
Alle, die wir getötet, kamen,
goldenäugig,
beizustehn der Entflechtung unseres Herzens.

ENDLICH am Ufer sitzend
still wie das Ufer.
Endlich
still wie das Ufer
sitzend
das Herz betrachtend
und endlich wissend:
Nie mehr wird es sich regen.

Unbeweglich
innen und außen golden geworden
nimmt nun das Unbewegte
unbeweglich
die Mitte ein.

DIE Kormorane,
die uns im Herbst verließen,
ließen die Schwungfedern liegen.

Liegen an den Küsten der Tümpel.
Küsten,
Wüsten der Algen, der Fischaugen –

Manchmal,
manchmal beugt sich
der klare Sirius herab.

MEINE Freundin,
die braune Schlange,
schlief am Morgen
still auf der Schwelle:
ungetrunken die Milch,
ungefressen ein Laubfrosch,
der auf ihr tanzte.
Ihn verjagte ich.
Traurig begrub ich sie.

Hier.
Unterm Himmel.
Faustrecht
herrscht.
Laß die Tür zu,
draußen heult's!
Homo homini lupus.

Dass du es unternahmst uns auszusäen
mein Gott
was ist das
Mann und Frau und Schmerzgeruch
Wir lernten Mars Ekliptik Molybdän
und wie man Austern ißt
und wie man einen Bruch multipliziert
und wie man mißt und schießt
Der Bruder neben mir ist noch nicht lange tot
zehn Jahre erst noch jung und grün und fließt
noch immer immer aus
so weiß wie Schnee so rot wie Blut so schwarz wie
    Ebenholz
Er war
und neben ihm der war
und neben diesem der
Wie rasch sich Menschenhaar und Wurzelhaar
    verwächst
Ich weiß so viel nicht mehr
und viel versteh ich nicht
vielleicht vergaß ich's auch
mein Gott
warum verbirgst du dein Gesicht

IMMER sagte ich
es ist ein Risiko
hier auf der Erde.
Zu leben
so wie wir leben.

Besser wär es
wir lebten anders
wo anders
oder auch gar nicht.

Aber wer bringt
das
schon fertig?

HIER
auf dieser einen Stelle
der nördlichen (oder der südlichen)
Hemisphäre des Sterns
festgerammt.
Noch aufrecht.
Schon haben wir
Wurzeln geschlagen.
Manchmal
bebt unter uns
der Boden
reißt den Rachen auf
gähnt.
Wer nicht verschlungen wird
jetzt
allmählich knittert
er nieder
setzt sich zusammen
auf seiner Stelle
knistert.
Rostgitter
Aschgitter
Wind.

ICH kann nicht leben
ohne das Wunder
und wär es das Wunder
der Turm die Taube die seerosenweiße
Rakete
unsrer Erlösung
in der Stunde des Todes
vom ewigen Leben
Amen

WAS ihr tut –
immer segelt die Mondscheibe westwärts.
Fürchtet nichts!
Ist euch der Tod nicht gewiß?

In vielen Leben

Damals sind wir schon diesen Gang gegangen,
als wir noch nicht geboren waren,
ich, du,
(er sie es)
als es noch wichtig war, standesgemäße Spangen
am Schuh zu tragen, Equipagen zu fahren,
wir,
(ihr sie)
damals schon war der lange See zwischen uns
ich hüben, du drüben,
(er sie es)
war verboten zu denken: lieben,
war es ein Unwort, voll Scham, man tut es nicht,
das Wort, meine Blume im Mund,
rauschend grün wie das Schilf, Kieselstein, warm,
    voll, rund –
Immer werde ich, immer werde ich wieder dein Gesicht
unter allen Gesichtern erkennen,
(er? sie? es?)
bei welchem Namen werde ich dich dann nennen?

Die Staatskarosse

Ach, wie war das Leben sonderbar,
als ich einmal eine Staatskarosse war!
Morgens ordentlich herausgeputzt,
abends abgetreten und beschmutzt –
Ach, wie war das Leben sonderbar,
als ich einmal eine Staatskarosse war.

Und wie war das Leben schauderbar,
als ein Rad ich einmal einer Staatskarosse war:
Loch und Graben, Knüppel, Klotz und Stein,
langen Tages fortgesetzte Pein!
Ach, wie war das Leben schauderbar,
als ein Rad ich einmal einer Staatskarosse war.

Und wie war das Leben wunderbar,
als ich eines Staatskarossenrades Nabe war!
Ruhvoll saß ich in der Mitte drin,
sah die Welt an mir vorüberziehn.
Ach, wie war das Leben wunderbar,
als ich eines Staatskarossenrades Nabe war!

Ich bin eines jeden Wild,
eines jeden Beute.
Mach du dir dein Bild zurecht,
stell dich der Meute.
Ich habe kein Image,
mir rücken sie schnell auf den Pelz,
ich hab keine Krallen.
Um mich ist nichts gezogen
außer, vielleicht, ein Regenbogen.
Aber dann fällt's
einem ein und er zückt den Pfeil,
und dann fallen den andern allen
ein ihre vielen versagten Siege –
Wieso, daß immer noch irgendwo
ein Spinnwebfaden ist, steil,
daß ich lehne, nicht liege?

TÄGLICH reiß ich mich aus mir heraus,
stoß sie auf, die guten, blinden Scheiben
meiner Traumverliese,
halt mich hin,
lehn hinaus.
Draußen grölt's.
Innen, hinter mir, die muschelgrüne Stille quillt.
Abends,
wieder einmal ausgestampft, entweidet, klug erlegt,
träum ich Regen,
träum ich guten, muschelgrünen, blinden,
träum ich Sintflutregen über sanften, zarten,
unbemenschten Dämmerungen
hinter meinen Scheiben.

ALS ich ein Kind war
und lernte gehn
und ging
und ging in die Schule
und ging
und ging in die Schule des Lebens
wie man so sagt
und niemals mehr sollt ich im Park
spielen
oder in andren Gespinsten –
Da ging ich abends hinaus
es war Vollmond
aufs Fensterbrett in der Stadt
und ging voll Mond
und ging
und ging um
Ging um und umging
auf diese Weise
wie man so sagt
die Schule des Lebens

III

LES ENFANTS DU PARADIS

Aber dann kamen die Engel
die lieblichen bunten
die Vögel
und ließen mich ein
zu sich
und sie sangen:
Flieg mit uns
Schwester unser
flieg
und wir flogen
und so sangen sie weiter:
In den Schlafhimmeln droben
gongenen Schlafhimmeln droben
unser König er sieht dich
er sieht dich
flieg
und wir flogen
und in den Schlafhimmeln oben
gongenen Schlafhimmeln oben
hörten sie auf zu singen meine Geschwister
und fielen über mich her
und fraßen
les enfants du paradis
meinen Namen
und die Wurzeln meiner Augen
und die Wurzel meiner Zunge
da hörte ich auf zu schreien

Und so
in die Höhlungen meines Haupts
trugen sie ihre Nester ein

ÜBER STAG GEHEN*

Über Stag gehen
heißt
eine andere Richtung einschlagen
Eine andere Richtung einschlagen
heißt
auskommen mit
demselben Wasser unter den Füßen
demselben Wind in den Nüstern
denselben Waffen zwischen den Zähnen

Trotzdem
über Stag gehn
wenden
vielleicht einen Ausweg finden
auflaufen vielleicht
auf dem Seidenstrand
einmal
am anderen Ufer

oder

immer noch bleibt
Flucht:
wenden
hart über Stag
in den Wind
drehn
den Sturm

alle Segel setzt
hei
spuckt die Waffen aus
Gelächter zwischen den Zähnen
ziert uns:
weiß weiß leuchtet das Riff voraus
herrliches Krummschwert
strenge Geliebte
die uns umfangen wird
die uns umhalsen wird
die uns besitzen wird
endlich

Unendlich

---

* in der Segelschiffahrt Ausdruck für „wenden"

WARTEN

Warten
Wind
wechselt
Sturm
öffnet das Auge
Der
Vorhang
zittert
Warten

Es könnte Asche
auf das Kleid fallen
Es könnte Asche
auf das Sterbekleid fallen

Warten

Staub
öffnet das Auge

Die Verkleinerung der Welt

Auf dem Rücken zu liegen
nichts schmerzt
welche Wonne

SELTSAM
wir gehen so selbstverständlich
über die Erde
Manchmal nur
daß wir erzittern

STERBEN IN ROM
(Für I. B.)

Zumauern alles
Fenster
Türen
das Tor
Zuschmelzen
Einfrieren
(Gletscherpaläste sind still und fast ewig)

Nicht das Geschwätz des Briefträgers
morgens
der Vergeblichkeit
abends
(selten daß noch ein Worträtsel aufgeht)
Nicht mehr Erinnerungen

Aller Tage zitierte Verzückungen
aller Nächte Beschwörungen
(der Abschirmung letzte)
unter der Baumsäge
langsam

Hingehn
Unter der Pforte
am Fußabstreifer
flüchtig die Füße abstreifend
Dort sitzen sie
keine Schatten mehr werfend

ZUM TODE VON PAUL CELAN
(Eine Rechtfertigung)

I

Wieder einer
Wieder einer der Seismographen
der Welt
überbelastet
Wir müssen uns
taubere
Antennen anschaffen
Wir müssen
robustere
Instrumente werden
Aber
müssen wir?

II

Wurzelspitzen im Mittelpunkt
wo die Welt bebt
Schmetterlingsblume
brennt
Pfauenschrei
bis zuletzt

Falter
feuerversengt
wassergelöscht

Opfertier

Offenen Augs
hingestreckt
endlich schmerzlos

Den Atem anhaltend

Gehn wir nach Haus
es ist Tulpenzeit
Auch die Tauben flügeln schon ein
durch das Grabentor
Der rote Schlund wartet
und der Stempel der schwarze
duftet

HATTE ich Goldfische im Traum
aus den Augen verloren
fragte bei Robinson aber
er hatte sie nicht gesehen
grub in der Südsee
aber da waren nur Perlen
fragte den Wind aber der
hatte was mit den Palmen
und stieß mich
fuhr ich zu meiner Mutter unter der Erde
und da saßen sie
in ihren Augen
eins in dem rechten eins in dem linken
und das dritte mitten
in ihrer Stirn und schwänzelten

Zwischen Orgel und Karo-As

Hier saß sie
die Frau
(meine Mutter)
Nacht war's
die Orgel kam
aus dem Kasten:
Choräle
Die Hähne kämpften:
auf Seide gestickt
seit Anbeginn über dem Lager
Aufgebettet war's

Sie legte Patience
Wenn nichts ging
(wann kommt das Karo-As)
wenn nichts ging
das Jabot glattstreichend
blind
über die Brille weg
auf die Kissen blickend
die aufgebetteten
Werde ich flach liegen?
Hoch?
Wird es schwer sein?
Was wird sein
nachher?

Was sie nicht wußte
war
daß vor ihren Augen
den blinden

die Hähne
die kunstvoll gestickten
streitbaren
Hähne
die Flügel zusammenlegten
Und
daß ihr letzter Atemzug
bald
und so leicht
würde hinweggewischt werden
von einer Feder
des vierten
des weißesten Hahns
Fingerfeder
aus seinen endlich
eingefalteten Flügeln

Endlich
sagte sie
endlich das Karo-As

ACH es genügt nicht
Fenster und Tür zu vermauern
essend was sich an Staub und Graskost
zwischen den Steinen sammelt
und sich aus den Gestalten zu ziehn
einatmend ausatmend ausatmend

Ist's denn vollbracht
sich auf das Erdreich zu streuen
unter die Hufe der Tiere und Menschen
und vor den Himmel gelegt
auszuhalten den Anblick der Sonne
ohne zu sterben

Etude in L

Lesen
lernten wir
Lieben
auch
(mühsam)
Lassen
immer noch
nicht

REGENSARTEN

I

Regen
sagte sie
Regen bestürzt
mich
fällt so
über mich her
Kein Boden
unter den Füßen
Kein Auge
bleibt trocken

II

Märzregen:
Antwortet ihm
meine Haut mit Trompetensignalen
werf ich ihm
alle Finger in seinen Regenwind
blüht er
mir Knospen auf
fiedert
mir Laub aus
wäscht mir
die Füße und zwischen den Zehen
den Veilchen
den Kopf

III

Herbstregen:
Taubengetrippel
auf meinen Lidern
meinen Oktoberblättern

UNTER DEN WOLKEN

Wenn der Wind aus dem Westen weht
und die Antilopen über den Himmel hüpfen
oder
wenn er
die täppischen Drachen
oder die schwarzen fetten zornigen Wasserschweine
die aus dem Meer aufstampfen
heran
wälzt
daß der Weltkreis zittert
lieg ich
ein Mensch
auf dem Rücken der Erde
halte mit meinen Händen
den Stern zusammen
atme
und lache

UNZEITGEMÄSSE VERHÄLTNISSE

Plötzlich
so aus den Angeln gehoben
aus dem Kalenderblatt
Rot
diese Knospenräusche
vorm möwenbestückten Eishimmel
toll
die Fanfarenlust
zu leben zu sterben!

UNTER den Schwalben
wenn sie auf Raub ausfliegen
wenn sie auf Raub ausfliegen und schreien
schreien vor Lust
unter den Abendhimmeln
schreien vor Beute vor Jagd
und schreien schreien und
Peitschenknall
über die runden die braunen die schläfrigen Hügel

Aus einem Situationsbericht

Wieder die Bäume
die ich als Kind bestieg
schweigsame Tröster
gestrenge
in ihren Kronen wohnte ich

Aus ihren Kronen
stieg ich
ein täppisches Jungtier
verletzlich und unverwundbar
hinab ins
Gelächter der Menschen

HABE EIN HAUS

Habe ein Haus
Habe ein Dach auf dem Haus
Habe ein Fenster im Dach auf dem Haus
Habe Schnee auf dem Haus
Habe Schnee auf dem Dach auf dem Haus
Habe Schnee auf dem Fenster im Dach auf dem Haus
Habe es licht unterm Schnee auf dem Fenster im Dach
    auf dem Haus
Habe es warm unterm Schnee auf dem Dach
    auf dem Haus
Habe es still unterm Schnee auf dem Haus
Habe es still unterm Schnee

Ostia antica

Nicht wissen
Nachfolgen
Den Wangen der Wagenspur
den Türen
den offenen
Eingehn in Zimmer
die nichts mehr schmerzt
geladen sein im Hause des Apuleius
über den Ameisen
bei Minze
und Thymian
und den lauten Tafelgesprächen unter der Schwelle
von Chronos und Styx

MIT Dämonen leben
das tägliche Brot
Der Gott aus der Wüste
der alte
vom Dornbusch
meingott wie tot
Was ist wirklich?
Nichts außer dir und mir
Jetzt und hier
Gib mir die Hand
du
Mensch
Laß sie nicht los
Wo wär sonst Glaube?
(Taube
die sich übers Meer wirft
leicht
und
o
absichtslos)

GESPRÄCHE MIT RUMÄNISCHEN GÖTTERN

I
Mit dem Gott vom See Herástráu

Du
schreib mir die Rechnung
    Nein
    ich schreibe dir lieber
    die Spur meines Weidenzweigs
    auf dem Wasser
    Lies sie
Ich liebe dich
    Unsere Rechnung stimmt

II
Mit dem Gott der Ebene des Bárágan

Was ist deine Botschaft?
      Eine Lektion in Ebene
      Du siehst sie nicht aus
(Weiter als meine Augen reichten
die Maiswellen rollten
die Schafbuckel
auf den Aufwinden
oben
tanzte der Bussard)
Schön bist du!
      Gib mir die Hand
      wirf dein Herz aus
      Hilf mir
      die Welt verändern

III
Mit dem Gott des Schwarzen Meeres

Warum kommst du als Wolke?
    Ich bin auch die Wolke
Du hast mich gewiegt
ich habe auf dir geschlafen
    Das war im Traum
Warum kommst du jetzt?
    Ich will dir die Freiheit zeigen
    komm
Du bist so tief
    Komm
Ich habe Angst
    Komm
Nein!
    Kleiner Mensch
    feig wie die Muschel
    du entgehst deiner Freiheit nicht

IV
Mit dem Gott der Karpaten

Mit dir
schöner
grüngeflügelter Gott
führte ich endlich
das stillste Gespräch
es schmerzt mich noch
innen
unter den Schlüsselbeinen
Erinnerst du dich?
Unten
im Tiefen
geigten die weißen Pferde
über die Wiese
du hieltest mich
fest
an der Fußfessel
Am Ende
von deiner weißen Braue herabsteigend
vor deinem blauäugigen Abgrund
wußte ich:
Ich weiß nicht
Du weißt

GEH ich am Ufer
sagt mir der Strom
Wohin gehst du
Abwärts
sage ich
Sagt er
Geh aufwärts

Gehe ich aufwärts
sagt mir der Strom
Was denkst du
Mühsam
sage ich
Sagt er
Gehe

Gehe ich
sagt mir der Strom
Was fühlst du
Sag ich
Mich dürstet
Trinkst du Wasser
sagt er
denk an die Quelle

Besuch der alten Dame

Gibt es noch Bäume
fragte sie
Ja
Gehn Sie rauf
und die Straße lang
und ums Eck und wieder
die Straße lang
und dann gehn Sie weiter die Straße lang
und weiter

Gibt es noch Pferde
fragte sie
Ja
Manchmal bei Nacht
wenn die nämlich beim Streik
den Benzinhahn zudrehn
Dann geben Sie acht
in der Nacht
auf den Milchmann

Gibt es noch Nacht
Ja
Wenn beim E-Werk was platzt
und das Licht mal ausfällt
dann gibt es noch Nacht
Und dann kann man sogar
auch den Mond sehn
(gesetzt daß er scheint)
und das ist dann bestimmt
keine Lichtreklame

Die alte Dame spricht

Liege
so lieb ichs
im Bett
Liebe
die stillen
Dinge
Beethoven
dritter Satz Opus sechzehn
Kammer
musik
eine Smart
ein Glas Whisky
Regen
November
Ein Tag
aller Seelen
Ein Grablicht
vor eingerahmten Gesichtern
Ein Buch
(Handke
zum Büchner Preis
„Für Ingeborg Bachmann")
Klaviermusik
Nachrichtenlaut
Laut
laut ist die Welt
Ich liebe

die stillen
Dinge
Grablicht
vor eingerahmten Gesichtern
Regen

Das Buch
weggelegt
die Lampe
am Betthaupt
gelöscht
Dunkel ist gut
Dunkel
ist Licht
genug

IMMER WIEDER

Anfangen
lasset uns anfangen
lasset uns alles neu anfangen
So fingen sie an
und fingens so an

Einfangen
laßt sie uns einfangen
laßt sie uns alle einfangen
Los
fangt sie ein
fangt sie ab
fangt sie
fangt sie
fangt!
Und ab und ans Kreuz mit ihnen

Anfangen
lasset uns anfangen
lasset uns alles neu anfangen
So fingen sie an
und fingens so an

Einfangen
laßt sie uns einfangen
laßt sie uns alle einfangen
Los
fangt sie ein
fangt sie ab
fangt sie
fangt sie
fangt!
Und ab und ans Kreuz mit ihnen

Anfangen (da capo)

DIE SÜSSE DER WELT

Als sie die Zungen
die Zungen
der Nachtigallen
die Zungen
der Walfische
unsere
Zungen
heraus
schälten
aus ihren Bettungen
bedächtig
als wir noch
schrieen

schrien wir und sangen
die Süße der Welt
zum Abschied
das Lied aus dem Feuerofen
schrieen und sangen
schrieen und
sangen
sangen
lange noch
lange
so
lange

Solange
wir
konnten

UNERZÄHLBARE GESCHICHTEN

I
Schlafblumen

So steht die Uhr.
Schlaf
blumen.
Erste Liebe:
Anemonennester im Frühling
aber es war
Sommer.
Mit Kinderfräulein
die
große
tote
Bischofsnase
im Kirchenschiff
in den Blumen.
Später:
Verrat
und die Hahnenkämpfe
auf schwarzem
Wandschirm
aus Japan.
Laut
waren die Schlacht
felder der
zweiten Liebe
am Don:

Keine Zärtlichkeiten
Thymian
Augenäpfel herum
drunten
das
alles
allmählich
ein
ebnende Erdreich
Regen
Regen.
Einmal
Griffelgewitter
am apoetischen Himmel
Kleiderpuppen am
Zaun
an der Hauswand
zwischen den Krautstauden.
Schlaf
blumen.
Jeder
gehe nach Haus
das Fest
ist vorüber.

II
Seidenfaden

Seidenfaden
an Seidenfaden
aufgehängt
die Erlaubnisse.
Der dicke
Schiller
im Schoß
draußen
Juni
die Schwalben.
Unten
Holunderbüsche
vergebliche
Pfeile
Rattenbach
Rattenbach.
Gras
rosa verzirptes
Musselinkleid am Sonntag
Hosen
im Apfelbaum und immer
die wunden Knie

und
das
Weiche
unter der Haut
oben:
Die Großen sagten
Gefühl
und traten
(Ein Seidenfaden! Bitte! Erlaubnis!)
und traten.

Die Zeit der Ameisen
sagte das Kind
zur Tante auf dem Balkon
ist eine
an
de
re
als die Zeit der Menschen.

EINEM Augenblick Lust entsprungen
einem flüchtigen
Leben unser

einer Stunde
geängstigt
vom Erdbeben Untergang
(Fährte setzen
o
Fährte
lesbar noch
unter dem letzten der Regenbogen)

Was solls?
Den Namen
den abgenutzten
den bis zum Ekel
enträtselten
auftragen einer
erlauchten Zukunft?
Schmetterling
schön
und mit jeder neuen Apfelblüte
geewigt?

Leben unser
wir haben es nicht gewollt
Unter entsetzten Segeln
Frachtschiff der Ahnen
fahren wir
in Gewittern
spurlos
flußab

DIE Hütten
links liegen lassen
die Augenbrauenberichte
schneiden
die Windorgel
anpeilen
zurücklassen
weitergehn
weiter
die Spitz
berge entlang
Schmerz
punkte
Weg
marken
Eis
Eis

Rufe
keinen
zurück

LIEBE –
und ist ein Hauch
ein Hauch
eine Klaue
ein Schlaf
eine Schaukel
vielleicht
ein Bagger
vielleicht
zwischen uns
ein Weg
vielleicht
ein Weg

Dialog mit dem Organisten

So
schön
Es
schmerzt

Lebe damit
Innen

STANDBILDER

Aus der Erde genommen
geglüht
gehauen
gehärtet

Zeichen

Einmal war
Leben
auf diesem
Stern

IV

DOPPELT bestürzt
der Sperber
die Herzen der Hühner:
einmal
als Schrei
in der Luft
einmal
als Schatten
im Schnee

EIN HERZ

Mutter
ein Herz
gib mir ein Herz
zu essen

Ich habe keins
ich geb dir ein Herz
aus Papier

Mutter
ein Herz
gib mir ein Herz
zu essen

Ich habe keins
ich flecht dir's
aus meinem Haar

Mutter
ein Herz
gib mir ein Herz
zu essen

Ich habe keins
aus meinen Fingernägeln
mach ich dir eins

Mutter
ein Herz
gib mir ein Herz
zu essen

Ich habe keins
ich mach dir's
aus meinen Augen

Mutter
ein Herz
gib mir ein Herz
zu essen

Ich habe keins
ich schneid dir's
aus meiner Zunge

Mutter
ein Herz
gib mir ein Herz
zu essen

Ich habe keins
Da konnte sie's nicht mehr sagen
Da schnitt sie sich ganz entzwei

Da fand
wonach ihm die Lust stand
das Kind
und es aß

PFLANZT Blumen
über den Müttern:
Maßliebchen
Augentrost
Wiesenklee
(sie wachsen gern
wo die Erde leicht ist)
auch Gras

Setzt keinen Efeu:
Sie hatten Schatten genug
Erlegt ihnen
keinen
Stein
auf:
Es ist mühsam
ihn aufzulieben
nachts
um anfangs
(und lange noch)
nachzuschaun
ob alles gut ist
und schläft

Setzt eine Hecke
damit die Amsel ein Nest hat
setzt eine Birke:
Einmal
später
wenn ihre Wurzel dort eingeht
wo alles nun ruht
wird ihre Krone
reden

ABSTIEG
die Blutbahn hinab
(sie führt so genau)
Der Kern in der Herzkammer
zögert
Anfangen
weiß er auf einmal
und Aufhören
sieh
nur ein Gleichnis
Fürchte dich nicht

IN DER FINSTERNIS ZU SINGEN

Im Regen
bin ich gekommen
ich
Im Regen
bin ich gegangen
ein anderer

War
der dazwischen im Grünen ging
ich
Bin
der vom Grünen herausgeht
ein anderer

Fing eine Hindin im Grünen
heckte und herzte sie:
ich
Schlacht' sie
teilte und aß sie:
ein anderer

Aus dem Regen
bin ich gekommen
ich
In den Regen
bin ich gegangen
ein anderer

AUS DER TIEFE

Versprochen
und
von der kalten Qual gestirnt
und
vertan
und
zurück
und
zu Grund

Weine Froschkönig
weine

ERLEBNISSE IN DER MUNDHÖHLE

Spinnen weben in der Nacht
über die Wände
von der Nacht zur Nacht gebracht
wabernde Hände
die sich selbst erst zag hinaus
tasten voll Grauen
noch vom roten Schoß dem Haus
den Augenbrauen
der verruchten Mutter
Stumm
gehen die Boten
in den vielen Häusern um
lebenden toten
eh' sie
versammelte achtfache Krallen
alle alle ohne Zahl
eines befallen
Hilflos aufgebrochener Mund
füllt sich mit Nacht aus

Damals starb ich
Bin von Stund an
ein Pachthaus

EIN ABENDMAHL

Da aber war's
und ich aß es
und eine Frau
flüsterte
Nimm seine Leber auch
und ich vernahm's
und verzehrte auch sie
Und da
ereilte mich's:
Ehe ich nicht den
ganzen Leib
genossen hatte
und alles Blut
des Gefürchteten
eh' war ich nicht satt

Jetzt dreht sich's
in meiner Seele
tanzt
redet
geht um
Klein
bin ich
Groß
ist es

ST. SEBASTIAN

Die ersten Pfeile
nein
die begriff er nicht
Aber die nächsten
als sie ihn immer tiefer
erreichten
da
(Jubel entsetzte ihn)
da
überlief's ihn:
Kam es denn?
Wirklich?

Los!
rief er
Macht schon!

Und
als er schließlich erlegt war
und alle gingen
sah einer von ihnen
welcher sich einmal noch umsah
sah er
und schaute
wie jene Wunde am Holz
auffuhr und jauchzte
O
jauchzte sie
Endlich!

Von oben gesehen

Und als die Erde lag
Und in der langen Umarmung der Sonne
Und als die Zeit ging ...
Da hüpftest du
Sohn
über der Krume
im Gras
zwischen den gelben Blumen des Löwenzahns

Und wußtest nicht
Sohn

OSTERN 33 N. CHR.

Als man ihn wegtrug
im steifen Linnen
(nie waren Tränen so bleich
und so blutig)
und
als mit gierigen Küssen
sie über ihn sich wälzten
die Würmer der Erde
sich über diesen
den Berg der Liebe
häuften zu Haufen
und als sein Fleisch
nicht widerstand –
Drei Tage währte es
drei Tage Trunkenheit
drei Tage Rausch
eh sie begriffen:
Nicht diesen!
Nicht ihn!
Aber da
war schon
von seinem Leibe ihr Leib
war er schon
aufgegangen in ihnen

Und
als am dritten Tage
das Linnen ganz leer war
und
als am achten
der Thomas ihn prüfte
und es war Fleisch
was sein Finger tastete
lebendes ...
Wer denn verstand das noch?

So
war jetzt alles vollbracht
hatte er satt gemacht
selbst das Geringe
selbst das Gewürm
stand er
der Berg der Liebe
nun
und hier
und lebendig
am Tisch vor dem Thomas
und allen den anderen

Stand
und sie sahen's
mit Augen

SECHZIG

Die Leiden
gelinder jetzt
die Entzückungen
leise
Genauer
der Blick
schärfer
auf meiner Wand
die Zeichen
einfach
und angstlos

Gut
ist Alleinsein

REISEN WIR

Reisen wir

Aber wohin
frage ich

Heimwärts

Aber wo ist das
frage ich

Innen
sagte die Stimme

DER GEFANGENE

Baum
du
den nie ich sah
vor dem Fenster dem unerreichbaren
höre
seit vielen Jahren schon
bist du mir nah
hab ich dich sanft sanft eingeholt
Wunderbaum
habe dich sachtsam hereingeholt
aus dem großen Raum
in den kleinen Raum

Langsam hör ich dich wachsen
Durchgang der Vögel du
der Gezeiten Heimkehr
langsam gehen die Achsen
der Welt
an dir zur Ruh

Einmal
in vielen Jahren
Bruder Baum
werde ich dich vollbringen
Dann wird mein kleiner Raum
Baum sein von dir
du
Baum
und ich werde durch deine Wurzeln
und Schäfte und Kronen steigen
wehen und singen

Viele Jahre schliefen wir
neben der Quelle

Neben der Quelle
aus welcher das Reh trank
die Meise
die Luft
und formte ein Wölkchen
aus welchem der Regen fiel
lief und labte die Quelle

Viele Jahre schliefen wir
Viele
Endlich wachten wir auf

LAO-TSE – BILDER AUF SEIDE GEMALT

I
Zu seinem Schüler

Gelb ist der Sand in der Wüste Gobi
das Wasser des Gelben Flusses
auf meinen Schuhen auf meinen Augenlidern der Staub

Wenn ich gestorben bin
irgendeinmal wird dieses Leibes Asche
liegen auf deinen Schuhen liegen auf deinen Lidern

II
Winters rastend

Wärme mich
sprach er zum Kohlenbecken
aber nur wenig
daß ich mich nicht erhebe
über die Seufzer der Menschen

III
Heimgesucht von Erinnerung

Gestern saß ich am Ufer
das Herz in der rechten Hand
golden war es geworden
aber noch nicht verbrannt

auf der goldenen Fläche
kam es und ging es hin
länger als alles andre
stand dein Gesicht darin

dies in Tausenden Leben
immer geliebte Gesicht
viel hat das Herz vergessen
dich vergaß es noch nicht

drum lisch aus du mein Leben
vom Herzen noch immer erkannt
unbeweglich geworden
aber noch nicht verbrannt

IV
An einem Abend gesprochen

Müde
sagte er
müde bin ich und satt
satt der Erscheinungen
müde der Menschenschmerzen
Ruhen will ich
ausruhn
und endlich·
einruhn

KAMST in der Nacht und gingst am Morgen
die Nelken duften noch heut
Mußte ein Kleid aus Gespinst dir borgen
aus Gespinst und Verwehn – aus Zeit

Riefst bei mir an es erschraken die Blätter
von Briefen lange verbrannt
Immer um uns war Regen die Regengötter
höhlten um uns die Hand

Gab dir das Kleid mit nimm's du wirst es
   noch brauchen
mir wars mein Totenhemd ich brauch es
   nicht mehr
Grün sind die Wiesen Schnee wird sein –
   Nimm dir ein Frauchen
Lieber solang du noch schön bist ich weiß
   du möchtest es sehr

FREMDE Finger
Finger
an einer Hand
meiner Hand
deiner Hand
Finger
weiß unterm grüngrünwelkenden Schienengleis
Finger
weiß unterm festlich gebügelten Linnenkleid
Laß uns vergessen Geliebter
wie Wind
wie Gras
wie Finger
an einer Hand
meiner Hand
deiner Hand
fremder Hand
wer bin ich
wer bist du

Mit blossen Füssen

Auf die Suche nach meinen Schuhen
bin ich gegangen
über Schatten und Licht
über Jahr und Tag
über Land und Meer
über mich und dich

Hängen
sah ich sie heut
über dir und mir
über Milch und Blut
Viel zu weiß
Viel zu rot

NACHTS –
Ach
wie dich mein Herz vergaß
Aber die Finger
die Finger
erinnern sich:
deiner Augenbrauen
der Stirn
einer Falte des Augenlids
die ich tausend Jahre lang küßte

Die Magd träumt

Du wirst einmal ein Pferd besteigen
Ich werd dir den Steigbügel halten

Du wirst einmal beim Weinkrug sitzen
Ich werde das Glas dir reichen

Du wirst einmal den Himmel hinunterschwimmen

Ich werde dir nachschaun
dir in den Wolken
dir unter Blumen

Und denken
Wie gut!
Jetzt gehörst du mir!

Von der Erde

Wo du hingehst wird Schnee liegen
wo ich hingeh wird Schnee liegen
werden über vergeßlichen Feldern
unsere Schatten rufen
Mein Schatten nach dir
Dein Schatten nach mir

Liegend
endlich
bei unsern Geschwistern
den Wurzeln
hörst du mich
hör ich dich

Voller Geduld ist die Erde

GESPRÄCHE

Das Kind spricht

Meine Wurzelbaumfüßchen!
Meine Meeraugen!
Meine Schaukelwiege!
Mein Puppenkraut!
Morgen-Grauen
Wo bin ich?
Wer bin ich?

Die Mutter spricht

Liebe:
Liebe
die ohne Schlaf ist

Die Liebenden sprechen

Liebe:
Vögel
die ohne Schlaf sind

Der Erblindende spricht

Augen!
Ihr Kinder
meines Gesichts!

Die Augen sprechen

Schrei nicht!
Deinen plappernden Kindern
den kurzsichtigen
gehen die Augen auf
endlich
Hörst du nicht?

Der Alte spricht

Komm!
Die Höhe
ist eisig
Aber unendlich
die Aussicht
Komm!

Die Frau spricht

Liebe:
Vogel
der ohne Schlaf ist

SIEHE
du kannst mich nicht töten
sagte
sterbend
der Fisch
Ihn erschlug ich

Nachts
unterm Kopfkissen
hör ich ihn wieder:
Er singt
und er singt
und er singt

ZWEIERLEI ASPEKTE

Komm
sage ich
Falter
zum Nachtfalter
laß mich im Glas dich fangen
bevor du im Feuer verbrennst

Ach!
läßt mich der Nachtfalter wissen
Glas!
Und Gejammer!
Laß mich in Feuern verbrennen!
Was wißt ihr von Räuschen!

OKTOBERMÜNCHEN

Altes
(Sonne im Rücken
Füße im Laub)
auf den Bänken:
Hirschgarten herbstlich

(Siehe:
der Abgeschriebenen
laute
lautlose
Flaschenpost
an die Geschäftigen
jenseits
der langen
der lichten
leeren Alleen)

FRANSEN AM SARGTUCH WEHEND

Habe sein Todesgesicht
unterm Deckelglas
nicht gesehn

Aber die Fransen
die weißen
die Fransen
im Wind

Wie Gras
im Wind

Wie Gras

Wie Wind

Epilog in Sterbebetten

Wildmühlen
Windvögel
tauschen
und endlich
leiser
alles
unendlich
leiser

JEDERMANNS OSTERN

Eingeebnet ins Erdreich
und
die Forsythien
platzen schon
gelb
und
alle Weidenkätzchen
schnurren schon
laut
und die Lerchen steigen
im Wind
und Ende ist Anfang
und Anfang
ist Ende
    und Anfang
        und Ende
            und Anfang

TÜBINGEN 7. JUNI 1843. DIE KLARHEIT IM TURM

Immer noch
hätt ich vermocht
zurückzufliehn
(seltsam lockt
das Chaotische)

Hier indessen
in diesen Mauern
verweil ich
in Stille
fortgeflüchtet zu anderem Aufbruch

Sonnen-
und Menschengesichter –
Wessen bedarf's?

Die Wahl der Qual

Unter den Gänseblümchen
fröhlich
die Federn spreizen
die weißen
ach!

Ach
lieber unter der Last
leben
der Akelei
auch des Türkenbunds
auch der Wolfsmilch
im Regen

zittern
vorm Windhauch
dem Ton einer Grille

später
auch
vor der Mühsal
des Honigs

Unter aufgelockerter Bewölkung

Du mit dem grüngefiederten Flügelwind
du mit dem Augenwind
meine Augenlerche du
steig
aus den Wolken regnet es Primeln
wenn du dich fallen lässest
geöffnet
herab

MIT DER BAHN IM AUGUST DURCH DAS
MARCHFELD

Die Dahlien blühn schon
die Zinnien
bald kommen die Astern

Schon liegt gebündelt das Stroh
Nicht lang – und sie fahren es ein
Dann kommen die Krähen

Einer steht auf von der Bank
Die Wegzeichen hat er erkannt
Bald ist er daheim

Beim Lesen von Adalbert Stifter

Ich lese nicht Stifter
ich werde von ihm gelesen:
geprüft
gewogen
gezogen
gemeistert
gebeutelt
zerschlissen
manchmal gelten gelassen
und nie
niemals verlassen

Die Hand betrachten
die Finger
den Fuß

Bewegen

Unter dem Apfelbaum

Atmen

Voller Verwunderung
wie es denn möglich ist
daß ich lebe

IN HORA MORTIS
(Am Sterbetag meiner Tante Marie –
dem 9. Tag nach ihrem 98. Geburtstag)

Jung wieder!
Jung!
Und schön!
Und so leicht auf einmal
und wieder so glatte Haut
(meine „Apfelhaut"
weißt du noch?
Und noch
wie ich damals
das Taschentuch fallen ließ
daß du es aufhöbst
und du
dich nicht bücken wolltest
vor meinem Hochmut?)

Du hast mich erwartet
ich habe es immer gewußt
Manchmal nur
manchmal –
die Kinder
die Sorge
und als sie dann älter wurden
und alt
und ich alt
und so alt!
Im Spiegel
unserem Spiegel
(weißt du noch?)

hättest du deine Frau
so
nicht mehr erkannt
(aber da hattest du längst schon
andere Augen)

Komm
laß uns gehn
die Farben sind schal geworden
unsre Schatten
endlich
erloschen

Wenn sie nur wüßten
ach
wenn sie alle nur wüßten

SPRECHE zu euch
weil ihr wißt daß ich schweige
Weil ihr wißt daß ich schweige
sprech ich zu euch
von den Gräbern kommend
zugeschaufelt
Ihr wißt daß ich schweige

EIN TRIPTYCHON

I
Egon Friedell. Wien 16. März 1938

Achtung! Bleiben Sie stehn!
warnte Friedell
den Mann auf dem Gehsteig
ehe er sprang
(splitternd im Rücken
die Tür
unterm Tritt der SS)

Teuer war ihm
im Tod noch
das Leben

II
Grabungen 1944

Alles sonst ganz verstreut
fand ich
ein Schlüsselbein
fand ich
dein Schlüsselbein
wußte das Wort:
SPRICH NICHT!

Stand
Schnee fiel
Ging fort

III
Eines Tags

Eines Tags
und sie werden alle
nicht mehr verstehn
wie das möglich war
was in Auschwitz war
und in Belsen
in Dresden
Mauthausen
Hiroshima
in Katyn

Eines Tags –
Und wir werden sie segnen

NACHWORT

Zwischen 1957 und 1984 in Abständen von zwölf, dann sieben, dann acht Jahren erschienen, waren die vier Gedichtbände, die die vorliegende Auswahl hauptsächlich bestimmen, in ihrer Schmalheit durchwegs vielschichtig, tiefgründig, Ausdruck konzentrierten Bemühens sub specie aeterni; als müsse die dichterische Existenz in jedem Augenblick für alle Ewigkeit gerechtfertigt werden. Das spätere „Lachbuch" aus einem fünften Jahrzehnt („Das hatten die Ratten vom Schatten", 1992) blieb hier unberücksichtigt; verständlicherweise, hätte es doch den Eindruck stilistischer Homogenität stören müssen. Es soll nur miterwähnt sein, um einer glatten Imagebildung vorzubeugen und jene erstaunliche Lesart von Leben und Poesie anzudeuten, in der, wie andere Widersprüche auch, das Paradoxon von Ernst und Heiterkeit sich zugleich radikalisiert und aufhebt.
Nun vereinigen sich also die raren, die notwendigen, in Jahrzehnteabständen öffentlich gemachten lyrischen Stellen zu einem einzigen, umfänglichen Band, einer vorläufigen Summe. Nicht, daß mit Überraschungen nicht noch zu rechnen wäre. Doch zeigen sich jetzt, deutlicher als in der Vereinzelung der früheren Bände, Entwicklungen und Kontinuitäten, die das Werk insgesamt auszeichnen: eine ganz bestimmte, über die Jahre entwickelte Handschrift, ein unverwechselbares Gesicht. Es ist ein längst fälliges Wunder, diesen Thesaurus, dieses Land aus möglichen Lese-Routen, Empfindungs-, Ahnungs- und Wissensfährten endlich als Ganzes in Händen zu halten und nach allen Seiten zu durchforschen: „Reisen wir" kann vielerlei bedeuten.

Will man Mühringers eigener Tendenz zum Allgemeingültigen, Über-Individuellen folgen, so läßt sich das Buch als Niederschlag der einen Reise lesen, die jeder unternimmt: zwischen Geburt und Grab, Absurdität und Bedürfnis nach Sinn, Entfremdung und Wiedererkennen, Vorgefundenem und Traum. Von Anfang bis Ende ist diese Dichtung Versuch, dem Menschen einen Platz in der Welt zu geben – und sei es ein ortloser Ort –, der über die erwartungsgemäße Besetzung irgendeiner sozialen oder ideologischen Rolle hinausreicht. Einer, der auszieht, sein Leben und Sterben, sein Lieben und Fremdsein zu ergründen; dem nichts selbstverständlich sein kann – so zeigt sich der Mensch in Doris Mühringers Dichtung: auf brüchigen Zeitfundamenten, Initiand keines bestimmten Kultes, fremd im Bereich gesellschaftlicher Übereinkünfte, offen dem Kosmos, Träumen, Totenreichen, Himmeln und Höllen oder deren Ruinen, Proband in Kriegs- und Naturkatastrophen, psychologischen Kältezonen, auch Adept von Gelassenheiten, die den ruhigen und genauen Blick und umfassende Anteilnahme erlauben.
Obwohl, in der Bemühung um Allgemeingültigkeit, das Werk Spezifika der Zeitgeschichte und der Biographie nur sparsam hereinnimmt, setzt es dennoch Zeichen, die dieses Jahrhundert und insbesondere die Dichtergeneration, die nach dem Zweiten Weltkrieg die junge war, charakterisieren. Im Zusammenspiel von Bildern des Unbehaust- und Unterwegsseins, besonders auch des Ausgesetztseins in der Welt-Nacht, steht Mühringers Frühwerk unter demselben düsteren Stern wie die Anfänge Paul Celans und Ingeborg Bachmanns, ihnen verwandt als Konglomerat von existentialistischen Verzweiflungen, gebrochener Religiosität und archaischen, märchenhaft/mythischen Formen. Diese Ebenen befinden

sich untereinander nicht in harmonischem Einklang, sondern in einem durch kein Dogma verhinderten Neben-, Gegen-, Ineinander. Es mag sich, unter diesem Blickwinkel, lohnen, sich dem Werk als ganzem im Hinblick auf seine vielen und widersprüchlichen – zum Beispiel christlichen oder existentialistischen oder – warum nicht? – taoistischen, buddhistischen, animistischen, atheistischen und surrealistischen Komponenten zu nähern: eine Prismatik, die die verschiedenen Ismen wiederum relativiert, so wie das Poetische selbst den existierenden Welt-Definitionen ernsthaft, aber unverhaftet, weil nur dem eigenen Fühlen verpflichtet, begegnet. Am hartnäckigsten wird sich eine Lesart der Brüche und Widersprüche halten können. Gott ist tot. Gott wird angeklagt. Natur erscheint als göttlich und Maß für menschliche Freiheit. Natur verschwindet. Erlösung ist Erlösung vom Leben. Wahrheit, so scheint es, kann nicht gesichert sein, sondern nur Augenblickserfahrung oder Fluchtpunkt. Die menschliche Situation ist Zwischenreich, Konflikt, Unterwegssein, Entwicklung, übersetzt ins poetische Bild, das seinerseits mehrdeutig bleibt: Aus Bodenverlust kann Seelenflug werden, aus existentialistischem Geworfensein Seinsleichtigkeit des Lao-tse.
In der Tristesse der Nachkriegsjahre führte Doris Mühringer ein mehr als sparsames Leben in Salzburg. Durch Büro- und Übersetzungsarbeiten konnte sie das Nötigste für eine Existenz zusammenkratzen, zu der niemand sie ermutigte: Schwester geträumter Monde und Tiere eher als der mit materieller Wieder-Konsolidierung beschäftigten Mehrheit. Auch im späteren Werk, Universellem verschrieben, tiefsten menschlichen Hoffnungen und Ängsten, bleibt ihre Haltung solitär: eine Visionssuche, stellvertretend für alle, eine aufgeschlossene Einsamkeit

wie in den Haiku-Dichtungen Bashos, dem religiösen Stand verwandt, doch nur auf sich selbst verwiesen: „Gut ist Alleinsein." Zärtlichkeit zwischen Mann und Frau findet nur in chiffrierter Form, als entfernte Erinnerung oder thematisierte Distanz Eingang. Es sind vor allem der Tod, als der andere Eros, und Naturbilder, die Mühringers dichterischem Sensorium Partnerschaft bieten. „Sag nicht: Ich lieb dich! / Trägt man vom Kornfeld des Nachbars, du Tor, / seine Ernte nach Haus?" Wer so spricht, hat kaum die Revolutionen der sechziger Jahre mitbetrieben. 1969, als ihr zweiter Gedichtband erschien, war Doris Mühringer nicht mehr jung. Doch entspricht der Märchen- und Traumton vieler Gedichte auffällig den psychokosmischen Expeditionen der Hippiejahre: ein weiterer Beleg für die synchronistischen Kanäle, über die eine Zeit sich ihrer Dichter bedient. Als Zeit(losigkeits)genossin des „Guten Kaisers" von China, kontemplative Zeugin weltlicher Eitelkeit von der Nabe des Staatskarossenrades aus, Kind, das die Schule des Lebens unter lunarem Einfluß zu umgehen verstand, erscheint sie innerhalb der Geschichts-Klitterung Ende der sechziger Jahre als Drop-out auf dem Gipfel der Zeit. Keine Aktionistin, aber mitunter phantastische Realistin: „an den Küsten der Tümpel ... Wüsten der Algen, der Fischaugen"; Miniaturenmalerin aus der Schule von Hesses „Siddhartha": „Knaben waren wir, / spielten die Knabenspiele, / alte magische Knabenspiele / unter den Mangobäumen." Es gehört zu den Vorzügen einer umfassenden Sammlung wie dieser, daß sie nicht nur die Entwicklungen einer einzelnen Autorin sichtbar macht, sondern dem größeren Zeitstrom Gestalt gibt, auch ohne historiographische Absicht. Eine Sammlung dieser Art ließe sich leicht als endlich festgeschriebene Ikonisierung einer

Dichterpersönlichkeit mißverstehen, eine Unsterblichkeits- und Unantastbarkeitserklärung zu Lebzeiten. Selbstverständlich ist sie Ausdruck gefundener Wertschätzung. Zugleich, einem Museum vergleichbar, legt sie historisch Gewordenes zur Einsicht vor und erlaubt zu entdecken, was die Zeit unberührt überdauert hat, aber auch, wie die Zeit selbst an den Texten weiterarbeitet: indem sie den Verstehens-Kontext und damit den Text selber verändert, Ideen und Sprachgesten der Erosion aussetzt, eingetretene Prophezeiungen anders beurteilen läßt als solche, deren Erfüllung noch aussteht. Das Verschwinden von Natur, wie es der „Alten Dame" in Abschnitt III mitgeteilt wird, bleibt, am Heute gemessen, unschuldig. Wie romantisch, wenn der Konflikt Natur/Technik sich auf die Konkurrenz von Mond und Neonreklame beschränkte! Oder „Eines Tags", als noch Auschwitz, Belsen, Dresden, Mauthausen, Hiroshima und Katyn aufzuarbeiten blieben – und danach vom Vergessen die Rede sein konnte! Nicht „wir" werden es sein, die jene, die den Krieg nicht mehr kennen, segnen können. So korrigiert die Geschichte rücksichtslos die dichterische Utopie, ohne den humanistischen Anspruch als solchen deswegen ins Unrecht setzen zu können. So rasch die Ereignisse mögliche Mythen erschüttern, so dauerhaft mag umgekehrt ein Augenblick ohne bestimmte Zeit, ohne bestimmten Ort als Poesie weiterleben. Manche Gedichte, und im Werk Mühringers viele, können Jahrzehnte und wahrscheinlich Jahrhunderte überdauern, ohne an Frische und Bedeutsamkeit zu verlieren. „Seltsam / wir gehen so selbstverständlich / über die Erde / Manchmal nur / daß wir erzittern." Heutige Dichtung, wie auch Musik, erzeugt im allgemeinen beinahe schon im Augenblick ihres Erscheinens ihre eigene Zeit-Atmo-

sphäre, ihren geschichtlichen Umraum, ihren Pakt mit der eigenen Überholbarkeit. Ästhetische Formen altern nur unerheblich langsamer als Moden. Die Frage, ob ein Gedicht, das sich der Zeit gegenüber resistent zeigt, besser ist als eines, das altert, sich abkehrt, sich auf sein eigenes Orbital zurückzieht, soll nicht vorschnell beantwortet sein. Ein Theaterstück wird auch nicht dadurch irrelevant, daß die Schauspieler alte Kostüme tragen. Und es gehört zu den besonderen Freuden beim Lesen einer Sammlung wie dieser, die über Jahrzehnte verteilten Gedichte zur Zeitreise zu nutzen, so als ob die Stimme, die aus ihnen spricht, in unvorhersagbaren Intervallen einmal einer reifen Frau, dann einer jungen, einer alten, dann wieder einem Mädchen gehörte. „Liebe: / Vogel / der ohne Schlaf ist."
Von Anfang an sind die Gedichte vollendet in ihrer Form: jedes Bild, jeder Klang ist notwendig so, wie es das Gedicht in seiner Gesamtheit verlangt. Die weltanschaulichen Brüche und Widersprüche finden sich, auf der ästhetischen Ebene, in Harmonien eingebunden, als gelte es, die Welt durch Schönheit zu erlösen. Auch den Verzweiflungen, auch den herausgeschälten Zungen gelingt der Gesang. Zu den großen stilistischen Abenteuern des Werks gehört die Entwicklung über Märchen-, Lied- und Orakelspruchhaftes zu einer reduzierten und damit umso konzentrierteren, charakteristisch modernen und doch eigenständigen Form; eine Tendenz, die sich im zweiten Abschnitt abzuzeichnen beginnt und im dritten zur Reife gelangt: Die Konventionalität der Syntax wird aufgelöst. Übliche Satzmuster werden durchbrochen, umgestellt, verknappt, manchmal zu Einwort-Versen verdichtet. „Hier / auf dieser einen Stelle / der nördlichen (oder der südlichen) Hemisphäre des Sterns / festgerammt. / Noch

aufrecht." Nie sind es Formalismen, die die unkonventionellen Setzungen bestimmen, vielmehr Strategien auf dem semantischen Feld, Methoden der Intensivierung: „Warten / Wind / wechselt / Sturm / öffnet das Auge / Der / Vorhang / zittert / Warten." Zugleich mit der Steigerung des Empfindens für die Ausstrahlung des einzelnen Worts vertiefen sich die Zwischenräume, gewinnt die Stille Energie. Es kann kein Zufall sein, daß in dieser Phase zugleich mit der Intensivierung des Tons eine Beruhigung eintritt, die nicht Spannungsverlust ist, sondern zum Extrem getriebene Spannung, die paradoxe Situation: „Warten / Staub / öffnet das Auge." Von der hier gefundenen Souveränität der Form wie auch dem Seinsempfinden nach verläuft eine direkte Linie zur Einfachheit, die Tiefen umschließt, zur ruhigen Leichtigkeit der Bewegung, die ausdauernder Umgang mit Widerständen schließlich hervorbringen kann: „Liege / so lieb ichs / im Bett / Liebe / die stillen / Dinge" und: „Dunkel / ist Licht / genug."

Mag es zunächst „Die Wahl der Qual" sein, die eine dichterische Existenz, ein dichterisches Verhältnis zur Sprache bestimmt: So bringt das Ergebnis in seinen vielen Schichten und Facetten doch feinste Ekstasen mit sich. Wer ontologische Abenteuer und Einsichten sucht, wird sie entdecken. Vor allem aber stößt er auf Einsicht in Sprache, Offenbarungen, die sich nicht in diesen oder jenen Sinn auflösen lassen, die weder als „großer Atem", „Inspiration", geschweige denn als „Einfallsreichtum" oder durch das zugrunde liegende, virtuos beherrschte Handwerk hinreichend beschrieben sind – „der Turm die Taube die seerosenweiße / Rakete / unsrer Erlösung".

Christian Loidl

BIO- UND BIBLIOGRAPHISCHES

Doris Mühringer, geb. 1920 in Graz.
Lebt heute als freie Schriftstellerin und Übersetzerin
in Wien. Ihre Gedichte wurden ins Amerikanische
übertragen. Zahlreiche Auslandstourneen;
zahlreiche Auszeichnungen.

BIBLIOGRAPHIE

Gedichte. Verlag d. Kulturamts d. Stadt Linz,
   Linz 1957.
Wald und Wiese, Dorf und Stadt. 2 Leporellos.
   Verlag Otto Maier, Ravensburg 1960.
Das Märchen von den Sandmännlein. Ein Kinder-
   bilderbuch. Verlag J. F. Schreiber, Esslingen 1961.
Gedichte II. Österr. Verlagsanstalt, Wien 1969.
Staub öffnet das Auge. Gedichte III. Verlag Styria,
   Graz 1976.
Emhardt/Mühringer, Ein Schwan auf dem See.
   Spielbilderbuch. Verlag Ellermann, München 1980.
Valencak/Mühringer, Mein Tag – mein Jahr.
   Lyrik-Photobuch. Zsolnay Verlag, Wien 1983.
Vögel die ohne Schlaf sind. Gedichte IV. Verlag Styria,
   Graz 1984.
Tanzen unter dem Netz. Kurzprosa. Verlag Styria,
   Graz 1985.
Das hatten die Ratten vom Schatten. Ein Lachbuch,
   Styria, Graz 1989 (2., verbesserte Auflage 1992).
Hrsg.: Kiegerl/Mühringer/Waldhuber, Das Lesebuch
   (Schulbuch f. d. Deutsch-Unterricht), Stocker,
   Graz 1986.